彩图版

别以为我们不知道

主编 张培培

天津出版传媒集团
天津科学技术出版社

同学们，人的一生很漫长，但最关键的只有那么几步，中学阶段正是你成长的重要时期。作为一个中学生的你是什么样子的？你是不是喜欢嬉戏玩耍而害怕受拘束和禁锢？你是不是喜欢自己动手实验，而不喜欢埋首于枯燥的课本当中？你是不是喜欢天马行空的想象，而不喜欢大人给的条条框框？

是的，你一定是这样的学生。你一定像爱迪生一样爱思考；你一定像达尔文那样充满想象力；像司马光那样聪明机智；拥有毕加索那样的艺术天赋……其实，每一个学生都是天才，只是，在成长的过程中，这些才能没有被激发出来而已。

《别以为我们不知道》是一部生动有趣的小百科。这里不仅有我们从前不知道的文学典故，有我们缺少的礼仪知识，有很多我们忽视的身体秘密，有神秘的天文地理知识，有闻名海内外的名胜古迹，还有不一样的科学天地。从这里出发，让那些我们不知道的通通投降，更让我们勇敢地对父母说：“别以为我们不知道！”

目录

俗话说，“五岳归来不看山”。你知道“五岳”是指哪五座名山吗？
园林建筑在中国建筑史上占有独特的地位，你知道中国的“四大名园”吗？
桥的形态多种多样，你知道中国的十大名桥吗？
……

苍蝇为什么不会生病？
火车座位为何一边多一边少？
消防车为什么涂红色？
防毒面具是根据什么动物的脸形研制的？
为什么会有回声？
冰箱为什么不能倾斜放？
为什么商品要用条形码？
……

文学典故

你知道“鸿鹄之志”讲的是谁的故事吗？“闻鸡起舞”是指听到鸡叫之后就起床开始跳舞吗？……每一个文学典故背后都有着或令人捧腹或令人深思的小故事。对于文学典故，你知道多少呢？

Q “鸿鹄之志”是用来说明一个人的远大志向的，你知道这个成语出自谁吗？

A 陈胜。秦朝时，在今天河南方城县的地方有一个叫陈胜的人，他年轻时曾经跟别人一起受雇佣给富人家种地。

有一天，他放下农活到田埂上休息，对秦王朝没完没了的征调劳役、不断加重对老百姓的横征暴敛的社会现实愤愤不平，于是产生了摆脱压迫和剥削、改变目前社会地位的想法，并对其他一起干活的人说：“假如将来我们中间有谁发迹富贵了，可不能忘记大伙啊！”同伴们听了都觉得好笑，讥讽他说：“受雇给人家种地的人，怎么能发迹富贵呢？”陈胜长长地叹了一口气说：“燕雀哪里会懂得鸿鹄的凌云壮志呢!”

秦二世元年七月，陈胜与吴广发动农民起义，建立了中国历史上第一个农民政权，并推翻了秦朝的残暴统治。“鸿鹄之志”的故事就是由此而来的。

Q 你知道"马革裹尸"是什么意思吗？

A 东汉时，北方匈奴经常侵犯边境，烧杀抢掠，无恶不作。

当时，朝中有一位著名大将，名叫马援。他曾经跟随光武帝刘秀南征北战，立下了赫赫战功。东汉王朝刚建立政权不久，边境便发生动乱。马援率领将士奔赴战场，身先士卒，大破敌军，平定了叛乱。从此，他的名声威震天下，皇帝封他为伏波将军。

他六十二岁时，匈奴又来侵犯边境，满朝文武议论纷纷。马援听说边境又有战事发生，便上朝请战，要求领兵讨伐匈奴。皇帝担心他年纪太大，万一在战场上有个闪失，心中不忍，便不愿答应让他出征。可是，马援不肯让步。他向皇帝请命道："谁说臣老了？臣的筋骨硬朗着呢！臣常说，男子汉应当为国战死在战场上，用马皮包着尸体回来埋葬。今日有此机会，又怎能退缩呢？"皇帝被他的精神所感动，只好命他为帅，率兵奔赴战场。后来，他不幸在军中病故。他死后，人们还是念念不忘他的那句"男儿当死于沙场，以马革裹尸还葬"的豪言壮语。

如今，马革裹尸是指男子汉要为国家战死在疆场上，死后要用马皮包着尸体运回来埋葬，寓意将士要有英勇牺牲在战场方为天职的英雄气概。

Q “闻鸡起舞”是指听到鸡叫就起来跳舞吗？

A 不是。“舞”在这个成语里是指舞剑。晋代的祖逖是个胸怀坦荡、具有远大抱负的人，可他小时候却是个不爱读书的淘气孩子。长大一点之后，他意识到自己知识的贫乏，于是决定发奋学习、报效国家。他广泛阅读书籍，认真学习历史，从中汲取了丰富的知识，学问大有长进。

后来，祖逖和幼时的好友刘琨一起担任司州主簿。他们有着共同的远大理想：建功立业，复兴晋国，成为国家的栋梁之才。

一天半夜，祖逖在睡梦中听到公鸡的鸣叫声，于是把刘琨叫醒，对他说：“你听见鸡叫了吗？”刘琨说：“半夜听见鸡叫不吉利。”“我偏不这样想，咱们干脆以后听见鸡叫就起床练剑怎么样？”刘琨很高兴地同意了。于是他们每天鸡叫后就起床练剑。寒来暑往，从不间断。工夫不负有心人，他们最终都成了文武全才。祖逖后被封为镇西将军，实现了他报效国家的愿望；刘琨做了征北中郎将，也充分发挥了他的文才武略。

Q 当狐狸遇上“百兽之王”老虎时，会有什么样的故事发生呢？“狐假虎威”是怎样来的？

A 《战国策·楚策》里有这样一个故事：一只老虎想捕捉百兽来吃，当它捉到一只狐狸，正准备大饱口福时，聪明的狐狸灵机一动，立马喝住了正欲扑上前的老虎，说：“我现在是大王了。我是奉了天帝的命令的，你可知道！你如果伤害我，那就是违反天帝的命令！你不信的话，那我走在前面，你走在我后面，看别的动物是不是看到我就会被吓跑？”

老虎听了，觉得它说得很有道理，于是就走在狐狸后面。狐狸在前面大摇大摆地走着，十分威

风。老虎则在后面观看动静。果然如狐狸所说，所有的野兽一见到它们，就十分惊慌地四散逃走了。于是，老虎就真以为狐狸是“百兽之王”了。但它不知道的是，狐狸不过是假借了自己的势力，吓走了百兽，而野兽们真正害怕的却是自己。

“狐假虎威”这一成语就是由此而来。

Q 我们都知道“三七二十一”是一道乘法题，可是“不管三七二十一”是什么呢？

A “不管三七二十一”是一个成语。据说很久以前，有个叫李元的财主雇了个壮实的小伙子当长工。起初，他每天管小伙子三顿干饭。不久，财主就后悔起来，觉得长工饭量太大了，就对老婆说：“这小伙子干活卖力气，一个能顶两个，只是太能吃了！从明天开始，每天管他三顿稀饭吧！”但小伙子即使每顿吃七碗稀饭，干起活来还是有气无力。李元见了十分恼火，生气地问长工：“你一天吃我三七二十一碗饭，怎么干活不像个男子汉？”

小伙子闭关似没听见，敲着碗边说：“干干

干，一天九碗，汗毛都有劲，喷嚏响过山！稀稀稀，三七二十一，尿像竹竿雨，手脚软如泥。我着急没力气，你着急，为的什么？”

李元听了，无奈地对老婆说：“算了，算了，从今天起，管他三三九碗干饭，不管他三七二十一。”

这件事就这样慢慢传开了。时间的推移，“不管三七二十一”这句俗语的意思也发生了变化，用来指不分是非的言行。

Q 你知道成语"程门立雪"的故事吗?

A 在宋代，有两个大学问家，他们是兄弟俩，名叫程颢、程颐。他们和当时著名的大学问家朱熹一起并称为"程朱"。

杨时，字中立，是剑南将乐人。小的时候就非常聪颖，善写文章。年纪稍大一点后，专心研究经史书籍，宋熙宁九年进士及第。当时，河南人程颢和弟弟程颐在熙宁、元丰年间讲授理学，河南洛阳这些地方的学者都去拜他们为师，杨时因为被调去做官而没有去成，后来在颍昌以学生礼节拜程颢为师，师生相处得很好。程颢死后，杨时又到洛阳拜见程颐，这时杨时已经四十岁了。

杨时有一天去拜见程颐时，见程颐正闭着眼

睛坐着，杨时与同学游酢就恭恭敬敬地站在门外等着，一直没有离开。等到程颐睡醒的时候，门外的雪已经一尺多深了。这就是成语“程门立雪”的来历。这个典故用于形容尊敬老师，诚恳求教。

Q “名落孙山”中“孙山”是一座山的名称吗？

A 不是。“孙山”是人名。宋朝的时候，有一个名叫孙山的书生，他为人风趣幽默，附近的人于是就给他取了一个“滑稽才子”的绰号。

有一年，孙山和一个同乡一起去应考。结果，孙山被录取为最后一名，那个同学则没有考上。

考完后孙山比那个同乡先回到家。那个同学的父亲听说后连忙跑来祝贺，同时

探问他儿子考得怎么样。孙山既不好意思直说，又不方便隐瞒，于是随口诌了两句诗，回答他同学的父亲："解名（乡试中录取的名单）尽处是孙山，贤郎更在孙山外。"孙山是最后一名，"名落孙山"就是没有考中。后来，人们就把落榜叫"名落孙山"。

Q 负荆请罪讲的是谁的故事，他为什么要这么做呢？

A 廉颇。廉颇是战国时赵国的一名大将。当时，赵惠文王因蔺相如办外交有功，拜蔺相如为上卿，官位在廉颇大将之上。廉颇因此心中不快，觉得自己功劳卓著，很不服气。相如知道后，不愿意和廉颇争位次先后，便处处留意，避让廉颇，上朝时假称有病，以便回避。

有一次，蔺相如乘车外出，远远望见廉颇的车子迎面而来，急忙叫手下人把车赶到小巷里避开。相如手下的人便以为相如害怕廉颇，非常气愤。蔺相如却说；“秦国这样强大，我都不怕，廉将军又有什么可怕呢？如今，如果我和廉将军两人不能和睦相处，互相攻击，像老虎一样相斗，结果必定有一虎受伤，这样秦国就会趁机侵略赵国。我所以对廉将军避让，是因为我把国家的安危放在前头，不计较私人的怨恨。”

蔺相如这番话，传到了廉颇的耳中，他觉得十分惭愧。于是脱掉上衣，在背上绑了一根荆杖，请人领到相如家请罪，并沉痛地说：“我是个粗陋浅薄之人，真想不到将军对我如此宽容。”蔺相如见廉颇态度真诚，便亲自解下他背上的荆杖，请他坐下，两人坦诚畅叙，从此誓同生死，成为至交。

Q “曲高和寡”这个成语典故出自于哪个文学家呢？

A 宋玉是战国时期楚国的文学家，他天资聪敏，相貌漂亮，有一张非常厉害的嘴，是个一流的诡辩家。他在《对楚王问》中说：“有一个歌唱家，在我们都城的中心广场演唱。最先唱的是《下里》《巴人》一类的曲子，他唱的时候，

几千听众都同声唱了起来。后来，他唱起《阳阿》《薤露》等意境较深一些的曲子，这时还有几百人能跟着唱。再后来，他开始唱《阳春》《白雪》这类高深的曲子时，就只剩下几十人跟着唱了。最后他唱起用商调、羽调和征调谱成的曲子时，人们都走开了，只剩下两三个人能听懂，勉强跟着唱。可见，曲子越深，跟着唱的人就越少。”“其曲弥高，其和弥寡”就慢慢演变成成语“曲高和寡”了。

“曲高和寡”以前用来比喻知音难得，现比喻言论或艺术作品不通俗，能理解或欣赏的人很少。

Q “朝三暮四”现在常用来形容人花心或者反复无常，那么这个成语最初是怎么产生的呢？

A 宋国有个养猴子的老人，人们叫他狙公。猴子爱吃橡栗，每天消费不少。狙公并不富裕，供应感到困难，狙公想限制猴子们吃橡栗的数量，却又怕它们不同意，于是就想出了一个办法。一天早上，他对猴子们说：“以后，你们吃的橡栗，由我公平分发：一律早上三颗，晚上四颗，好不好？”猴子听了，个个嫌少，吵嚷不休。狙公接着笑道：“别吵别吵！那么这样吧：一律早上四颗，晚上三颗，怎么样？”猴子们都欢喜地趴在地上，觉得很满意。

“朝三暮四”“朝四暮三”，这只是狙公愚弄猴子们而耍的手段。两者不过说法不同罢了，实际上不是完全一样吗？狙公宣布这项规定是在早上，猴子们只顾眼前多得一颗橡栗，就欢迎“朝四暮三”，而反对“朝三暮四”，由此说明猴子目光短浅。“朝三暮四”现在比喻常常变卦、反复无常，或者用来比喻花心。

Q “鸡鸣狗盗”是指做偷鸡摸狗的坏事吗？这个成语是怎么来的呢？

A 不是。这个成语出自战国时期，当时齐国的孟尝君喜欢招纳各种人做门客，号称宾客三千。他对宾客是来者不拒，有才能的让他们各尽其能，没有才能的也提供食宿。

有一次，孟尝君率领众宾客出使秦国时，被秦昭王软禁了起来，只等找个借口杀掉。

孟尝君很害怕，无奈之下只好向昭王的宠妃求救。妃子答应了，但提出一个条件——拿一件天下无双的狐白裘做报酬。可是，孟尝君刚到秦国，便把这件狐白裘献给了秦昭王。就在他犯愁的时候，一个门客走过来说：“我能把狐白裘找来！”说完就走了。

原来这个门客最善于钻狗洞偷东西。他知道昭王把那件狐裘放在宫中的精品贮藏室里，便借着月光，逃过巡逻人的眼睛钻进贮藏室把狐裘偷出来。妃子见到狐白裘高兴极了，想方设法说服秦昭王放弃了杀孟尝君的念头。

于是，孟尝君立即率领手下人连夜偷偷骑马向东逃去。到函谷关（在现在河南省灵宝县，当时是秦国的东大门）时，正是半夜。按秦国法规，函谷关每天鸡叫才开门，半夜时候，鸡可怎么能叫呢？大家正犯愁时，只听见几声“喔，喔，喔”的雄鸡啼鸣，接着城关外的雄鸡都打鸣了。原来，孟尝君的另一个门客会学鸡叫，而鸡只要听到第一声啼叫就立刻会跟着叫起来的。怎么还没睡踏实鸡就叫了呢？守关的士兵虽然觉得奇怪，但也只得起来打开关门放他们出去。

就这样，孟尝君靠着门客“鸡鸣狗盗”的本事逃回了齐国。如今，成语“鸡鸣狗盗”比喻微不足道的本领。

礼仪知识

交换名片有礼仪，打电话有礼仪，请客也同样有礼仪……这些礼仪知识你都知道吗？让我们一起学一学！

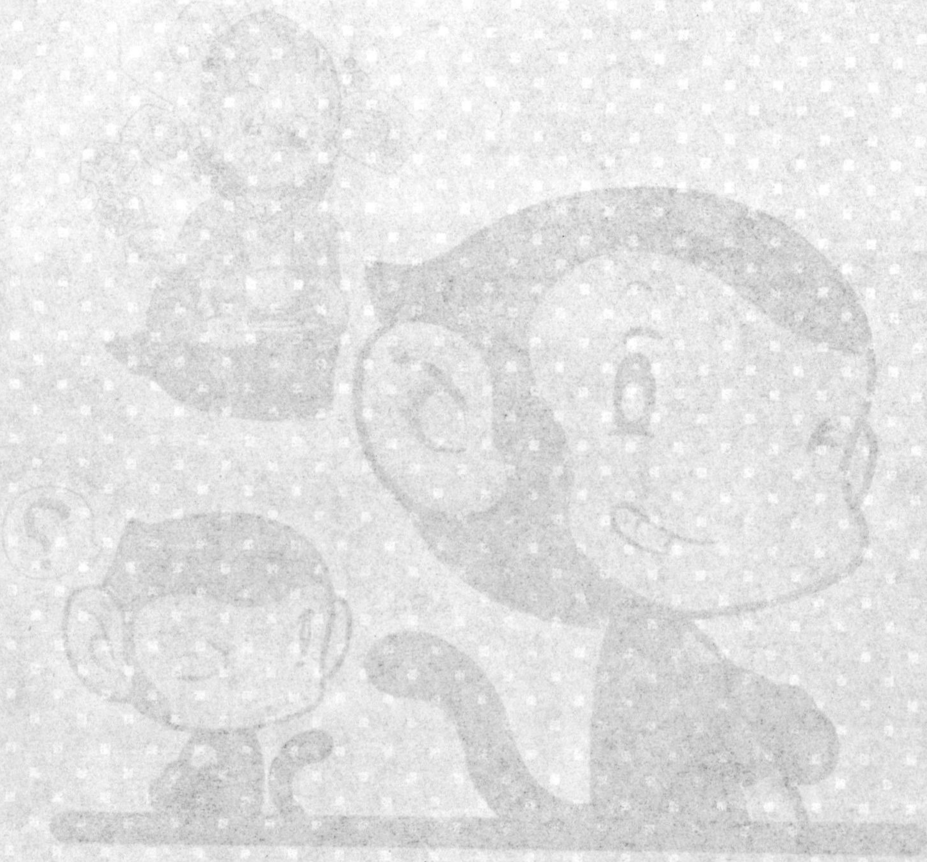

Q 筷子是我们就餐时必不可少的餐具，它在使用上有哪些禁忌呢？

A 一忌掷筷。发放筷子时，要一双双顺齐，然后轻轻地放在每个人面前；相距较远时，可以请人递过去，不能随手掷过去。

二忌叉筷。不能交叉或头尾颠倒；要放在碗旁边，放在碗上则代表对客人的不礼貌。

三忌挥筷。夹菜时，不能把筷子在菜盘里挥来挥去，上下乱翻；遇到别人夹菜时，要避让，谨防

"筷子打架"。

四忌杂筷。不能用杂色或一长一短的筷子，这表示对人的诅咒。

五忌舞筷。在说话时不能把筷子当道具，在桌上乱舞；也不要在请别人用餐时，把筷子戳到别人面前，这样做是失礼的。

六忌截筷。不能随意把别人夹过来的菜在中途夹走，这是极不礼貌的表现。

Q 走路是我们每天都必须做的事情之一，你知道走路的基本礼仪吗？

A 首先，走路的姿势要正确。要做到轻快平稳，抬头挺胸，两眼平视，步度和步位合乎标准。

第二，行走路线要固定。一个人独步街头，行走的路线应尽量成为直线。如果不是寻找失物，就不要在行进中左顾右盼，东张西望。

第三，遵守行走规则。步行要走人行道，行人靠右，并且让出盲道。过马路宁停三分，不抢一秒，走人行横道、天桥或地下通道，切忌图快捷翻越绿化带、隔离栏。

第四，行走也要有风度。男女同行的时候，男士应该主动走在靠近街心的一边，让女士靠自己的右侧行走。街上行走时，随带物品最好提在右手上。

第五，约束不良行为。行走时不要吃东西，也不要在路上久驻攀谈或是围观看热闹，更不能成群结队在街上喧哗打闹。

Q 交换名片是很多商务人士经常遇到的问题，那么交换名片时该注意些什么呢？

A 名片上的职务不应自吹夸大、过于繁杂或乱扣不实的头衔。

名片最好站着递给对方。如果自己坐着，在递名片时应站起来，问候对方后交换名片。

地位较低的人或者是来访的

人要先递名片。如果对方来的人多时，应先与主人或者地位较高的人交换名片。

名片应以正面用双手递给对方，收名片者也应以双手去接。

接受名片的一方应点头表示感谢，同时要以同样的方式递出自己的名片，并花一定的时间阅读名

片的内容。

收到对方名片后，若是站着讲话，应该将名片拿在齐胸的高处；若是坐着，就放在视线所及之处。

交谈时，不可折皱、玩弄对方的名片。与对方分别时不可将对方名片任意丢弃在桌上。

Q 博物馆是一个常见的公共场所，你知道参观博物馆时的礼仪吗？

A （1）参观时不要穿着太随意。博物馆、展览馆是一个环境相对特殊的场所，馆内展出的都是具有很高纪念价值的文物和艺术品，因此博物馆和展览馆对馆内环境的要求非常高。所以我们在参观博物馆的时候要注意个人形象，保持衣冠整洁。

（2）博物馆里不要大声喧哗。博物馆同图书馆一样，是一个讲究安静的场所，这会使参观者能静下心来感受艺术品带来的艺术美感。因此，我们在馆内应该始终保持安静，尽量不高谈阔论，更不能大声喧哗。

（3）展品不能乱摸。在参观时，我们应注意查看展品旁的说明，这样做既可以了解展品的基本情况，也会对其价值作出判断。有些展品的说明文字中会有明显的“禁止触摸”的标志，参观时应留心查看。

Q 品咖啡是一件高雅而有情调的事情，那么你知道正确的品咖啡的方法吗？

A 咖啡杯的正确拿法，应是拇指和食指捏住杯耳将杯子端起。喝咖啡时，用右手拿着咖啡杯耳，左手轻轻托着咖啡碟，慢慢地移向嘴边轻啜，不可发出响声。不要大口吞咽，或俯首去吸咖啡。

可清饮咖啡，也可以加入牛奶、糖，也有兑啤酒的。方糖不要用手拿。

咖啡匙是专门用来搅拌咖啡的，饮用时不要将其取出，不能用匙一匙匙舀着喝。

饮用咖啡时，一般来说，趁热品尝咖啡最好。但应注意，喝咖啡不能像喝白开水一样，一口气把

一杯都喝完，而且喝咖啡也不像喝茶或果汁，可以连续喝几杯。

就咖啡吃点心时，不要一手拿着点心吃，一手端着咖啡杯吃一口、喝一口地交替进行，而应饮咖啡后放下咖啡杯再吃点心。

Q 打电话也是要讲究礼仪的，你知道哪些呢？

A （1）电话接通之后，首先要自报家门，在确定对方是自己要找的人后，再谈正题。切不可以为对方熟悉，电话一通便滔滔不绝地说起来没完没了。

（2）打电话时要保持良好的心情，这样即使对方看不见你，但是从欢快的语调中也会被

你感染，给对方留下极佳的印象。

（3）打电话过程中绝对不能吸烟、喝茶、吃零食，即使是懒散的姿势对方也能够“听”得出来。如果你打电话的时候，弯着腰躺在椅子上，对方听你的声音就是懒散的，无精打采的，若坐姿端正，所发出的声音也会亲切悦耳，充满活力。

（4）要结束电话交谈时，一般应当由打电话的一方提出，然后彼此客气地道别，说一声“再见”，再挂电话，不可只管自己讲完就挂断电话。

Q 在日常人际交往中，你知道自我介绍时要注意些什么吗？

A （1）注意时机：要抓住时机，在适当的场合进行自我介绍，对方有空闲，而且情绪较好，又有兴趣时，这样就不会打扰对方。

（2）讲究态度：态度一定要自然、友善、亲切、随和，表示出自己渴望认识对方的真诚情感。任何人都以被他人重视为荣幸，如果你态度热忱，对方也会热忱。

（3）注意时间：自我介绍时还要言简意赅，尽可能地节省时间，以半分钟左右为佳。不宜超过一分钟，而且愈短愈好。为了节省时间，作自我介绍时，还可利用名片、介绍信加以辅助。

（4）注意内容：自我介绍的内容包括三项基本要素：本人的姓名、工作以及爱好。这三项要素，在自我介绍时，要真实诚恳，实事求是，不可自吹自擂，夸大其辞。

（5）注意方法：进行自我介绍，应先向对方点头致意，得到回应后再向对方介绍自己。应善于用眼神表达自己的友善，表达关心以及沟通的渴望。在获得对方的姓名之后，不妨口头加重语气重复一次，因为每个人最乐意听到自己的名字。

Q 在中国，中餐是一天中的主餐，而宴会又是一个庄严的场合。那中餐宴会时又该注意哪些礼节呢？

A 见面礼节：要主动与主人交谈，首先表示对宴会主题的祝愿；衣帽要放到规定的地方。

入席礼节：自己的座位听主人安排；请柬上有座位号，也不要急于就座，待主人和上宾就座

后，再从椅子左边入席；就座时要礼让其他宾客。

坐姿体态：不要两手托腮或双肘都支在桌上；不要频频起坐；不要大幅度搬动座椅；不要头枕背椅打哈欠、伸懒腰、抓头。

席间谈笑：说话不要眉飞色舞；多谈愉快、健康、轻松的话题，不要谈疾病、下岗、受骗上当等

令人不快的话题。

席间举动：不要埋头只顾吃；不要发出吃喝的响声；碰杯时要使自己的杯口低于对方，并要起立表示谢意。

退席告辞：尽量避免中途退席，万不得已时要向主人致歉；离席时要向主人表示谢意。

Q 请客时的礼节你知道多少呢？

A 如果客人是第一次来访，一定要给家人介绍一下。然后让座、让茶。如果是夏天，气候炎热，可给客人送一块凉毛巾，打开风扇或空调。如果是远道来客，要问是否用过餐。

与客人交谈时，要热情，不要频繁看表，不要打哈欠。

要吃饭时应挽留客人用饭，饭后要给客人送毛巾、倒茶水。有条件的话，要把客人安置在安静的地方休息。

客人告辞时，作为主人应婉言相留。等到客人起身告辞时，再站起来相送。

客人馈赠了礼品，主人要表示感谢，并以合适的礼物相送。

Q 在公共场合，我们尤其要尊重礼仪规范，注意自己的形象。那么，你知道我们在公共场合应该遵守的礼仪规范有哪些吗？

A 公共场合，又叫公共场所，它所指的是可供全体社会成员进行各种活动的社会公用的公共活动空间。例如，街头、巷尾、楼梯、走廊、公园、车站、码头、机场、商厦、卫生间、娱乐场所、邮政设施、交通工具，等等。这些地方都是我们每天都会到的，所以懂得这些地方的礼仪规范尤其重要。

公共礼仪的基本内容，就是人们在公共场合与他人共处时和睦相处、礼让包容的有关行为规范。

学习、应用公共礼仪，应当掌握好它的三条基本原则。

原则之一，是遵守社会公德。社会公德，又叫社会公共道德或公德，它是人们在长期社会生活中，根据客观需要形成的，用以维护公共生活秩序，调节人们在公共生活中相互关系的一种约定俗成的行为规范。公共礼仪从属于社会公德，并且以更为具体的形式和要求对其进行贯彻落实。遵守社会公德，就是要求人们在公共场合活动时，要有公德意识，要自觉、自愿地遵守、履行社会公德。不讲社会公德，遵守公共礼仪将无从谈起。

原则之二，是不妨碍他人。与私人交际有所

不同，人们置身于公共场合时，或为过客，或为休闲，或为生活需求，不一定非要与其他人打交道不可。而在实际上，人们在公共场合所面对的，往往也多半是一些自始至终不会与自己发生正面接触的人，不妨碍他人的原则，就是对人们在公共场合面对他人时的行为的具体规范。它的基本含义是：在公共场合，每个人都应当有意识地检点、约束自己的个人行为，并尽一切可能自觉防止自己的行为影响、打扰、妨碍到其他任何人。

原则之三，是以右为尊。在公共场合，有时有必要排定位置的主次尊卑，以示礼待他人。在排位时，尤其是在排定并排位置的主次尊卑时，以右为尊的原则是普遍适用的。它的含义是，在并排排列的位置上，右侧为尊，左侧为卑；右为上位，左为下位。在多人并排共处时，其位置的尊卑则往往是由右而左，依次递降的。因此，当需要表示对他人的敬意时，应请其居右。当需要表示自谦时，则应主动居左。

人体秘密

打哈欠会“传染”吗？为什么眯着眼睛看东西会看得比较清楚呢？大笑时为什么会觉得全身没劲呢？……同学们，对于身体上的秘密，你们知道多少？

Q 打哈欠会“传染”吗？

A 打哈欠是会“传染”的。甚至，听到打哈欠的声音、见到打哈欠的字眼和照片都会引起人们的哈欠。打哈欠为什么会“传染”呢？科学家推测，

打哈欠“传染”可能是一种与别人进行交流的原始方式，在进化过程中它被保留了下来。打哈欠“传染”，还可能与“移情”作用有关。简单来说就是看到别人被砸了脚，自己也会喊“哎哟”觉得疼。

很多动物也都会打哈欠，包括大象、狮子、老虎，甚至鱼和鸟，但只有人类和猩猩这样高级的灵长类动物之间才会“传染”，这也许是因为只有高级动物才有足够的智力去了解同伴的想法。

Q 为什么眯着眼睛看东西，会看得比较清楚？

A 视力不好的人在看远方的物体或景色时，常会习惯眯起眼睛来看，这是因为我们的眼睛里，有一个名叫“水晶体”的东西，它能像相机里的镜头一

样，让光线通过后，在视网膜上形成影像。

视力不好的人，其实是因为视网膜上的影像无法清晰地呈现，所以才会使我们没办法看清楚物体。但是，如果在看不清楚时眯起眼睛的话，就能挡掉多余的光线，此外，也能略微调整光线反射的角度，这样就能把物体看得清楚一点。其实，眼镜和隐形眼镜也有类似眯眼睛的功能。

Q 人难过的时候会流泪，高兴的时候为什么也会流泪？

A 流泪分两类：反射性流泪和情感性流泪。人的眼睛在受到外部刺激时会产生反射性流泪，如眼里进了沙子。此时眼睛周围的毛细血管充血，眼部周围肌肉为保护眼睛进行收缩，导致泪腺分泌眼泪。人在悲伤时会流泪，在高兴时也会流泪，这些都属于情感性流泪。科学家认为，人在动情时，大脑神经受到刺激，当刺激足够强烈时，会产生对人体有害的毒素。而流泪是一种排泄行为，能将这些毒素排出体外。因此，无论是反射性还是情感性流泪，都是人体对自身健康的一种保护行为。

虽然人在高兴和悲伤时都会流泪，但是这两

种泪水的成分大不一样。研究表明，高兴的眼泪水分较多，味道很淡；悲伤的眼泪水分不多，味道偏咸。其原因在于人高兴或是悲伤时，受到刺激的神经系统不一样，人体内分泌的物质也不同，导致了眼泪成分的差别。

Q 当我们遇到有趣的事情或者被别人挠痒痒而哈哈大笑的时候，为什么会觉得浑身使不上劲呢?

A 大笑时，人的身体和四肢会运动起来，如同在做剧烈运动。而肌肉的运动会产生一种叫乳酸的物质，乳酸堆积起来，就会让人产生浑身没劲的感觉。

原来，人在笑的时候不但使大脑皮层得到放松和休息，还会让面部的肌肉、

胸部的呼吸股、膈股以及腹部的肌肉活动起来。医学机构曾研究过，人们在大笑的时候，身体还会产生一些微妙的反应：血液循环快了22%，肌肉和神经瞬间放松了，大笑时的热量消耗要比不笑时多20%。

Q 如果不经常温习，许多知识很快就会遗忘。为什么学会骑自行车后长时间不骑，却不会忘记呢?

A 学骑自行车要调动身体相关的肌肉来完成一系列动作，在小脑留下记忆。而这种运动记忆在开始时比较难建立，可一旦建立起来，就能长时间保持。

大脑分为许多区域，一些区

域是“管理”学习、背诵等逻辑记忆的，而另一些区域是“管理”打字、骑自行车等运动记忆的。学习知识属于逻辑记忆，这种记忆的特点就是如果不经常使用，很容易就会忘记。而在运动记忆中，越大的肌肉动作，就越不容易忘记。

Q 肚子饿了为什么会"咕噜咕噜"的叫?

A 肚子"咕噜咕噜"的叫声其实是胃进行蠕动时，其中的空气受到挤压而产生的声音。

人们有定时进餐的习惯，肠胃也就形成了相应的运动规律。我们每顿吃进的饭菜，一般经过四五个小时，就基本从胃中排空了。在此之后，胃就开始收缩。由于人们在进食时，总会有一些空气随着食物一起吞咽下去，储藏在胃里。随着胃的收缩，这些空气被挤捏揉压，东跑西窜，就发出了"咕噜咕噜"的声音。这其实是"聪明"的胃在向我们发出信号："该吃饭了，我要工作了!"

空腹对胃的损害很大。当"肚子饿扁了"时，胃的内表面贴在一起，相互发生摩擦，容易损伤胃壁。所以，一日三餐要有规律，不要不吃或随便对付。听到肚子“咕噜咕噜”叫的时候，一定要找一些食物来充饥，以免饿出胃病。

Q 自然界里有五彩缤纷的颜色，为什么人看到绿色或青色时会感觉比较舒服呢？

A 绿色和青色对光线的反射适中，人体的神经系统、大脑皮层和眼睛里的视网膜组织比较容易适应，眼睛也就感觉比较舒服。

各种颜色对光线的吸收和反射各不相同，而且对光线的反射越大，就越刺眼：红色对光线反射是67%，黄

色反射是65%，绿色反射是47%，青色只反射36%。另外，绿色和青色还能吸收光线中对眼睛有害的紫外线。课间十分钟的时候，不妨多看看绿色植物，这样就能消除眼睛疲劳了！

Q 打喷嚏的时候，人的眼睛会不由自主地闭上。为什么我们不能睁着眼睛打喷嚏呢？

A 打喷嚏时，与呼吸相关的肌肉就会突然剧烈收缩，脸部的肌肉跟着收缩。其中，支配眼皮闭合的眼轮匝肌也会收缩，从而使人情不自禁地闭上眼睛。

当有灰尘、细菌、花粉等异

物进入鼻腔时，大脑就会发出指令，使人产生一系列吸气动作，由肺部贮存气体，然后利用肺部的压力产生一股气流，将异物排出去。这就是打喷嚏。打喷嚏会产生很大的气流，如果硬要在打喷嚏时睁开眼睛，这股气流会从鼻腔传到眼睛，很可能会伤害到眼睛！

Q 我们的指甲也有小秘密哦，你知道多少呢？

A （1）指甲对人的手指和脚趾起保护作用，一般人出生三个月开始长指甲，五个月成形，以后开始生长。

（2）随着人的年龄增长，指甲生长速度也在不断增加，到了三十岁后，生长速度开始减慢。

（3）在五个手指中，中指的指甲长得最快，小指和拇指的指甲长得最慢。多数人习惯用右手，所以右手指甲比左手指甲长得快。

（4）一天内指甲生长快慢也不同，上午长得快，晚上长得慢。一年四季中，夏天指甲长得快，冬天长得慢。冬天手温低，指甲当然长不快。

（5）指甲受外伤剥落后，约需4–6个月才能完全长成。指甲出现不明原因的破裂和脱落，可能是疾病的前兆，应该及时检查，不可大意。

（6）指甲的颜色、形状与一个人的健康密切相关，指甲呈粉红色、饱满有光泽，表示身体健康。因此要多注意指甲的状态和变化，以便采取必要的措施。

Q 感冒时为什么鼻子发堵？

A 我们人类的鼻子就像一间前后设门的房间，当中有鼻中隔把它分成左右两间，每间的侧壁上又挂

着三块卷曲的鼻甲，这间房子称为鼻腔。鼻腔前面通过鼻孔与外界接通，后部通向咽部。

感冒时，病原体侵犯鼻黏膜和鼻窦黏膜，使它们肿胀，并不断分泌大量的黏液，就像一个本来不宽的通道又放满了东西，出入当然不能通畅了，所以，鼻子会感到发堵。感冒也使嗅区黏膜肿胀，因此，嗅觉也会下降。

天文地理

我们常用“上知天文，下知地理”来形容一个人学识的渊博。那么朋友，你懂得多少天文地理的知识呢？你知道河流为什么是弯曲的吗？我们常常看到的彩虹就像架在空中的一座桥，彩虹真的是弧形的吗？……快来这里看看吧！

Q 河流为什么是弯曲的?

A 因为江河两岸的土壤结构不可能完全一样，土壤内所含的碱土等化学成分及数量也不可能完全相同，所以当它们溶于水后就不同程度地改变了两岸土壤受水冲击的能力。另外，地球自转的方向是自西向东，所以地球的自转作用也会改变河流的直

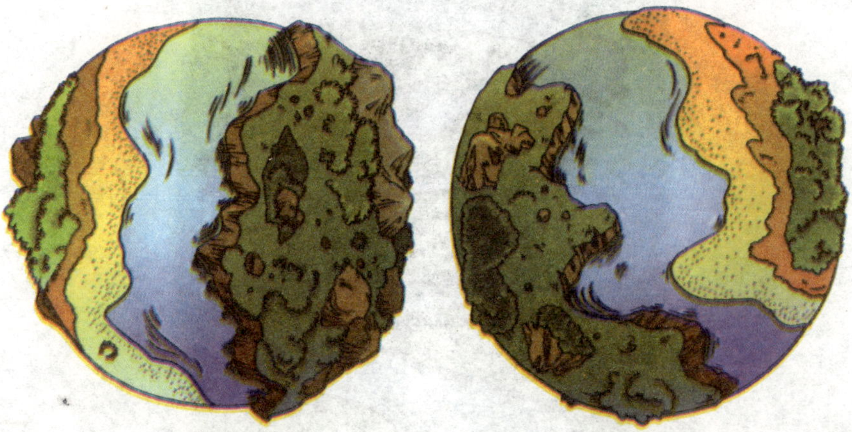

北半球　　南半球

线方向，它会使北半球的河流冲洗右岸比左岸厉害些，而南半球的河流则相反。

由于水流是依照曲线流动，而当水流在某个地方偏移一些以后，它在离心力的作用下，要压向凹入的一岸；同时，河床也要脱离开凸出的一岸。这样，河流不但没有机会恢复它原来的直线方向，反而使偏移越来越大，就成了一条曲线了。经过千万年的冲刷，泥沙越来越多，蜿蜒曲折的河流就形成了。

Q 太阳看上去明明要比星星大很多，为什么有人说它跟星星差不多大呢？

A 仰望天空，我们看见的星星，除了太阳、月亮、金星、木星，还有其他很多很多。而太阳只不过是银河系中一颗普通的恒星，宇宙中还有很多恒星比太阳大很多倍，也比太阳重很多倍。比如，天狼星的大小为太阳的2倍，大角星有太阳24倍之大，心宿二为太阳的230倍。这些行星之所以看起来跟太阳差不多，甚至比太阳小很多，是因为它们距离我们太远了。

Q 以前的教科书上都说冥王星是太阳系的第九颗大行星，为什么现在却把它踢出太阳系大行星“家族”了呢？

A 冥王星因为其轨道与海王星相交，并明显受到海王星引力干扰，不符合大行星的有关定义，所以被排除在太阳系大行星之外。

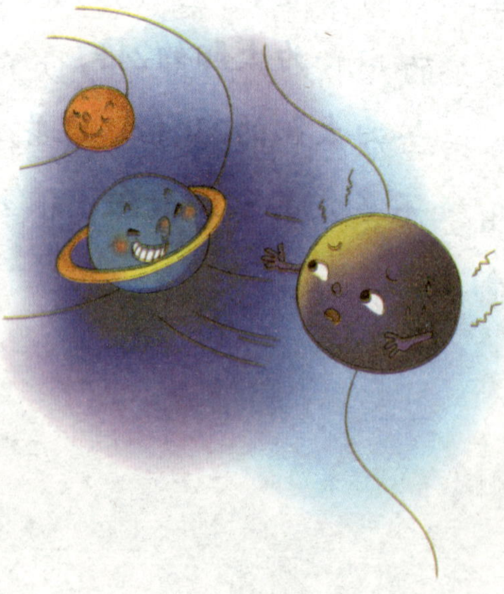

大行星必须符合三个条件：该天体要围绕太阳公转；有足够大的质

量，能够依靠自身的重力作用使天体呈球形；在公转区域内起着支配性作用，不受轨道上相邻天体的引力干扰。

冥王星不符合大行星的有关定义。2006年8月24日，国际天文学联合会决定将冥王星驱逐出太阳系大行星的“家庭”。

Q 我们常常看到的彩虹就像架在空中的一座桥，彩虹真的是弧形的吗？

A 实际上，彩虹是圆环形的，但是我们并不能看见全部的彩虹，只能看见其中的一部分，所以看起来就像是弧形的。

当太阳光照射到雨后充满水滴的空气时，太阳光里红、橙、黄、绿、蓝、靛、紫七种颜色的光波就会发生折射和反射，形成圆环形的彩虹。不过，只有一

定角度的折射光线才能抵达我们的眼睛，而且地平线又阻挡了一部分，所以人们只能看到一部分弧形彩虹。如果坐在高空的飞机上，没有受到地平线的阻挡，我们就能看到圆形的彩虹了。

Q 我们常说天上的星星不可数，真的是这样吗？它们为什么只有夜里才出现？

A 我们能看到的星星是可以数的，据科学家计算在地球上能用肉眼看到的星星不超过7000颗。而我们头顶上一般是半个天空，也就是能见到的不超过3500颗星星。

星星实际上是天体。而且，在这些天体中，我们看得见的，除了少数几颗是行星外，绝大多数都是恒星，它们始终都亮着。之所以白天看不到星星是因为白天太阳中的一部分光线被地球大气所散射，把天空照得十分明亮，我们就看不出星星来了。如果没有大气，天空是黑洞洞的，那白天照样能看到星星。如在国际空间站上、在航天飞船上，在400公里高空已避开了大气对阳光的折散射，天空的背景是黑洞洞的，就连太阳旁边的星星也是能清楚地看到。

Q 太阳光越强烈，人觉得越热；没有太阳的话，人会觉得凉快很多。那么是太阳把空气加热的吗？

A 把空气加热的不是太阳，而是大地，大地接收热量后再释放到空气中。

地面的辐射是长波辐射，除部分透过大气奔向宇宙外，大部分被大气中水汽和二氧化碳所吸收，其中水汽对长波辐射的吸收更为显著。因

此，大气，尤其是对流层中的大气，主要靠吸收地面辐射而增热。

阳光只能穿过大气，不能加热空气。但地面吸收了阳光的热量后，不仅会提高自己的温度，还会释放出热量。而大气正是由于吸收了地面辐射产生的热量，才导致温度上升的。

另外，地面还会通过空气的上下对流，把一部分热量传给空气。由此可见，空气是地面辐射使之变热的，而不是太阳把它加热的。

Q 空难事故发生后，人们为什么会寻找一个叫“黑匣子”的东西？

A “黑匣子”是飞机专用的电子记录设备之一，名为航空飞行记录器。它能把飞机停止工作或失事坠毁前半小时的有关技术参数和驾驶舱内的声音记录下来，需要时把所记录的参数重新放出来，供飞行实验、事故分析之用。黑匣子具有极强的抗火、耐压、耐冲击振

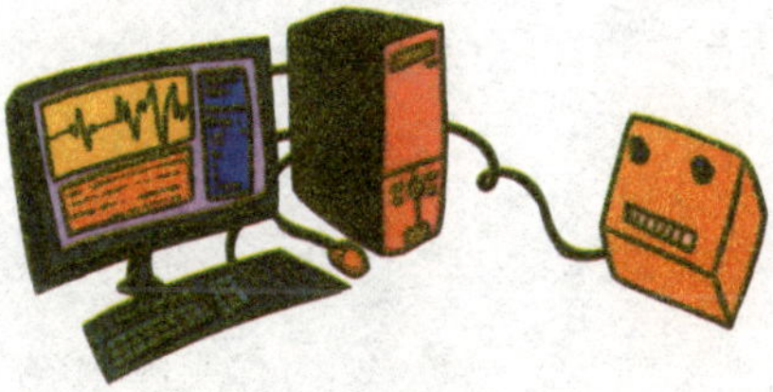

动、耐海水（或煤油）浸泡、抗磁干扰等能力，即便飞机已完全损坏，黑匣子里的记录数据也能完好保存。

只因为它和空难紧密相连，带有不祥的色彩，所以才被叫做“黑匣子”。

Q 广阔无垠的海洋储存了地球表面总水量的97%，这么多的海水是从那里来的呢?

A 近几十年来，随着科学家对地球和海洋起源的了解日益深刻，大多数人认为海水是在漫长的地质年代里积累起来的。但关于具体来源，科学界有几种不同的观点。

有一些科学家认为：水是地球固有的。原始地球物质构成岩石初期，含有大量的水分和气体。由于地球的重力作用，岩石间越挤越紧，硬是将岩石中的水汽赶出来，它们不断汇集在地下，终于使地球产生地震，引起原始火山喷发。这时在地下受到挤压的大量水汽，终于摆脱岩石的桎梏，随着火山、地震从地壳中呼啸而出。这些水汽进入空气中遇冷凝结，便形成暴雨降落下来，并在原始的小行星碰撞地球形成的地壳低凹处的地方聚集起来。由于漫长的地质的积累，地球上便出现了原始的海洋。

还有一些科学家认为：地球上的水不是地球固有的，而是由撞入地球的彗星带来的。因为从人造卫星发回的数千张地球大气紫外辐射照片中发现，在圆盘状的地球图像上总有一些小斑点，每个小黑斑大约存在二三分钟，面积为两千多平方公里。科学家们认为，这些斑点是一些由冰块组成的小彗星冲入地球大气层造成的，地球中最原始的水正是这种陨冰因摩擦生热转化为水蒸气的结果。科学家估计，每分钟大约有二十颗平均直径约为十米的冰状小彗星进入地球大气层，每颗释放约一百吨水。不过，这个观点是否正确还有待验证。

Q 潜艇潜入水底后，就成了一个密封的空间。为什么潜艇里的氧气很长时间都不会用完？

A 潜艇里有一种氧气再生药板。它能通过化学反应，将人们呼出去的二氧化碳变成氧气，这样人们可以长时间待在潜艇里面不必担心缺氧了。

潜艇的空间有限，如果只靠一开始装进的氧气，氧

气很快就会被用完。氧气再生药板是一片片涂有氧化钠的薄板，它能吸收人们呼出的二氧化碳并放出氧气。另外，潜艇内也配备了许多高压氧气瓶，以备不时之需。

名胜古迹

你知道“五岳”是指我国的哪五座名山吗？你畅游过“四大名园”吗？见识过“中国十大名桥”的风姿吗？快跟我们一起去畅游吧！

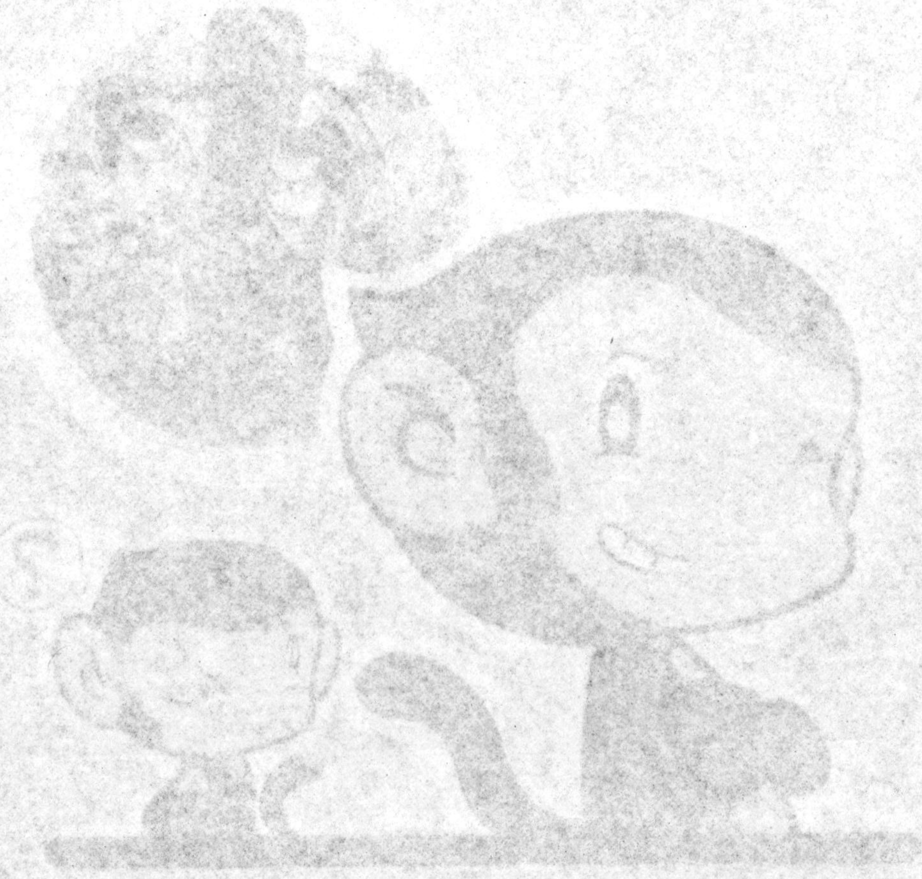

Q 俗话说，“五岳归来不看山”。你知道“五岳”是指哪五座名山吗？

A **东岳泰山**

泰山为我国五岳之首，古称“岱山”，又名“岱宗”。自春秋后称泰山，位于山东中部。在历

史上各朝代帝王对泰山都很重视，不少帝王登基之后来泰山进行封禅，祭告天地，以告太平。泰山景色四季变化万千，山势磅礴，山峰峻拔，幽谷深壑，景色壮丽。

南岳衡山

衡山在我国湖南省，其最高峰为祝融峰，是观日出奇景的好地方。“祝融峰之高，藏经殿之秀，方广寺之深，水帘洞之奇”被称为南岳风景四绝。这里名胜古迹多，气候宜人，古木参天，终年翠绿，是我国著名的旅游胜地之一。

西岳华山

华山古称西岳，位于陕西省华阴县城南，北临渭河，南依秦岭，海拔约两千米。山势峻峭，壁立千仞，群峰挺秀，以险峻称雄于世，自古以来就有

“华山天下险”“奇险天下第一山”的说法。正因为如此，华山多少年以来吸引了无数敢于冒险的攀登者。南峰、东峰、西峰雄奇险峻，各具特色，处处可见庙宇古迹、天然奇景，楼台、岩洞多依山势建筑。

北岳恒山

恒山在山西省浑源县城南，海拔两千多米。分东西两峰，西为翠屏山，东为天峰岭，山上古木参天，怪石争奇，吸引了无数慕名而至的游客。1982年，恒山以山西恒山风景名胜区的名义，被国务院批准列入第一批国家级风景名胜区名单。

中岳嵩山

嵩山位于河南省郑州西南面的登封县境内，海拔约一千五百米。1982年，嵩山以河南嵩山风景

名胜区的名义，被国务院批准列入第一批国家级风景名胜区名单，2004年被联合国教科文组织地学部评选为“世界地质公园”。名胜古迹有汉代嵩山三阙：太室阙、少室阙、启母阙。自南北朝起，嵩山就是宗教、文化活动的地方。

Q 楼阁不仅是一种建筑象征，更是一种文化和风景。你知道中国的“四大名楼”吗？

A 黄鹤楼

号称江南三大名楼之一的黄鹤楼，原址在湖北武昌蛇山黄鹤楼矶头，相传它始建于三国吴黄武二年（公元223年），在历史的长河中，黄鹤楼历经沧桑，屡毁屡建，不绝于世。三国时在这临江的山颠建楼，主要是出于军事上的需要，但后来逐渐成为文人宴客、会友、吟诗、赏景的游览胜地。

黄鹤楼的建筑特色是各层大小屋顶，交错重叠，翘角飞举，仿佛是展翅欲飞的鹤翼。历代的名人，如崔颢、李白、白居易、贾岛、夏竦、陆游等都曾先到这里游览，吟诗、作赋。唐代诗人崔颢登上黄鹤楼赏景写下了一首千古流传名作："昔人已乘黄鹤去，此地空余黄鹤楼。黄鹤一去不复返，白云千载空悠悠。晴川历历汉阳树，芳草萋萋鹦鹉洲。日暮乡关何处是，烟波江上使人愁"。今天，黄鹤楼已经成为位于我国心脏地带的中心城市武汉的一个标志。

岳阳楼

岳阳楼矗立于洞庭湖东岸，岳阳市西门城墙上，西临烟波浩淼的洞庭湖，北望滚滚东去的万里长江，水光楼影，相映成趣，素有"洞庭天下水，岳阳天下楼"的盛誉，是我国著名的旅游胜地之一。

岳阳楼岳阳楼始建于公元220年前后，距今已有1700多年历史。岳阳楼高3层，为飞檐、纯木结构，楼顶上覆盖黄色琉璃瓦，造型奇伟，曲线流畅，陡而复翘，宛如古代武士的头盔，盔顶下的如意斗拱，状如蜂窝，玲珑剔透。历史上的诗人如杜甫、韩愈、刘禹锡、白居易、李商隐等均前来登临览胜，留下了不少名篇佳作，使岳阳楼名扬天下。公元1045年，庆历四年春，滕子京重修岳阳楼，并请好友、文学家范仲淹作了《岳阳楼记》，从此，岳阳楼更加闻名遐迩。1988年，岳阳楼被国务院公布为国家重点文物保护单位。

滕王阁

滕王阁位于江西省南昌市内，始建于唐显庆四年（659年）。675年，滕王阁重修，唐代著名诗人王勃前往庆贺，写下了脍炙人口的《滕王阁序》。从此，序以阁而闻名，阁以序而著称。滕王阁为历代封建士大夫们迎送和宴请宾客之处。明代开国皇帝朱元璋也曾设宴阁上，命诸臣、文人赋诗题词，观看灯火。

如今，滕王阁巍峨雄壮，有“飞阁流丹，下临无地”的气势，已经成为江西的一个著名旅游景点。登楼眺望，南昌景致尽收眼底。

蓬莱阁

蓬莱，因有海市之胜，历史上曾是秦、汉之君巡幸的地方；之后，八仙过海的传说又长久地依附在这里，遂被历代文人墨客视为仙境。蓬莱阁即缘此而建，坐落在城北濒海的丹崖山巅。丹崖拔海面起，通体赭红，与浩茫的碧水相映，时有云烟缭绕，蓬莱阁高居其上，“仙阁凌空”确是一幅天开的画图。

蓬莱阁为“中国古代四大名楼”之一，创修于宋嘉佑六年。蓬莱阁位于烟台市西，坐落在蓬莱城北面的丹崖山上，与黄鹤楼、岳阳楼、滕王阁并称全国四大名楼。

Q 园林建筑在中国建筑史上占有独特的地位，你知道中国的“四大名园”吗？

A 避暑山庄

避暑山庄位于河北省承德市区北部，是清代皇帝夏日纳凉和处理政务的场所。整个园林分为宫殿区和苑景区两部分。宫殿区由正宫、东宫、松鹤斋和万壑松四组风格各异的建

筑构成。苑景区又有山区、湖区、平原区之分，康熙皇帝以四字题名的三十六景和乾隆皇帝以三字题名的三十六景散布其中。山庄古朴典雅，将全国的名景集于一园，体现了“集南北于一处”“移天缩地在君怀”的建筑构思，以高超的技巧立于世界园林艺术之巅。

颐和园

颐和园是清代的行宫花园，乾隆十五年始建，后被英法联军所毁。光绪年间，慈禧太后挪用海军经费重建。园景由万寿山、昆明湖等组成，各种各样的宫殿园艺建筑三千有余，可概括为勤政、居住、游览三个活动区。主要景点佛香阁、德和园大戏楼、排云殿等是清末

木结构建筑的代表作。园中山青水绿，阁阔廊回，在中外园林艺术史上有极高的地位。

拙政园

拙政园在江苏苏州。是具有江南特色的典型园林。全园分三区，总体布局以水为主，水面占全园总面积的五分之三。远香堂四周景色如画，“小飞虹”为苏州园林中唯一廊桥，朱红色桥栏倒映水中，宛如彩虹；

桥南“小沧浪”三间水阁构成独立小院，具有浓厚的江南水乡风情。园景清新流溢，充满诗情画意。

留园

留园在江苏苏州，以建筑取胜。五峰仙馆、鸳鸯厅等建筑，在苏州园林中最为宏伟富丽，被称为“中国南方园林建筑代表作”。内部陈设装饰古朴精美，鸳鸯厅北有“冠云峰”，为北宋“花石纲”遗物，清秀挺拔，具有“透、皱、瘦、漏”的特点，高约9米，为江南最大湖石，与映衬左右的“瑞云”“岫云”二峰全称“留园三峰”。

Q 桥的形态多种多样，你知道中国的十大名桥吗？

A **卢沟桥**

卢沟桥位于北京市西南的永定河上，为金代所建。全桥用白石建成，两边有石栏雕柱多根，且柱头

雕蹲伏状石狮共485个，造型生动，姿态各异。桥身长260余米，宽7.5米，由11孔石堤组成。

广济桥

广济桥位于广东潮州东门处。是我国古代一座交通、商用综合性桥梁，也是世界上第一座开关活动式大桥。

五亭桥

五亭桥位于扬州瘦西湖内，建成于清乾隆年

间。桥上有5座亭子，形似莲花，故又名莲花桥。五亭桥桥身为拱券形，由三种不同的券洞联合，造型别致，在国内现存古桥中风格独特。

安平桥

安平桥位于福建晋江县安海镇，俗称“五里桥”。桥面由七条大石板铺成，桥头有六角五层砖构宋塔一座，为中国古时最大的梁式石桥，有“天下无桥长此桥”之誉。

赵州桥

赵州桥位于河北赵县汶河上，是一座空腹式单孔圆弧石拱桥。桥面宽约9米，两侧有42块栏杆板，上面刻有龙兽状浮雕姿态惟妙惟肖，若飞若动，均为艺术精品。

十字桥

十字桥位于太原市西南的晋祠内。桥梁为十字形，由30多根铁青八角石支撑，柱顶有柏木斗拱与纵、横梁连接，上铺十字桥面，两侧有汉白玉横杆护栏。

风雨桥

风雨桥位于广西三江县程阳村边林溪河上，是一座富有民族特色的长廊式桥梁，因可避风雨而得名。全桥为石墩木面瓦顶结构，桥上建有塔形楼5座，整座桥不用一根铁钉，全采用榫槽衔接，斜穿直套，纵横交错。

泸定桥

泸定桥位于四川泸定县城西大渡河上，是一座

横跨河面的铁索桥。桥面采用9根铁链作底索，上铺木板，可通人、畜，左右两侧各用两根铁链当扶手。

五音桥

五音桥位于河北东陵顺治帝孝陵神道上。桥面两侧装有方解石栏板120多块，敲击能发出悦耳的奇妙声音。我国古代声乐分宫、商、角、徵、羽5个音阶，所以人们称它为五音桥。

玉带桥

玉带桥位于北京颐和园内。全桥用白石建成，拱券为蛋尖形，桥面呈双向反弯曲。桥身用汉白玉雕砌，两侧雕刻精美的白色栏板和望柱，使其通体洁白，线条流畅。远望犹如一条玉带缀在碧波粼粼的昆明湖上。

科学天地

苍蝇为什么不会生病？火车座位为何一边多一边少？消防车为什么涂红色？防毒面具是根据什么动物的脸形研制的？……同学们，你们的疑问一定还有很多，科学的奥秘总是无穷无尽的，但是你们依然要认真地去探索。

Q 苍蝇为什么不会生病?

A 一只苍蝇身上通常带有60多种病菌，但自身却不会被这些病菌感染而得病。原来苍蝇有两个奇妙的防病绝招。

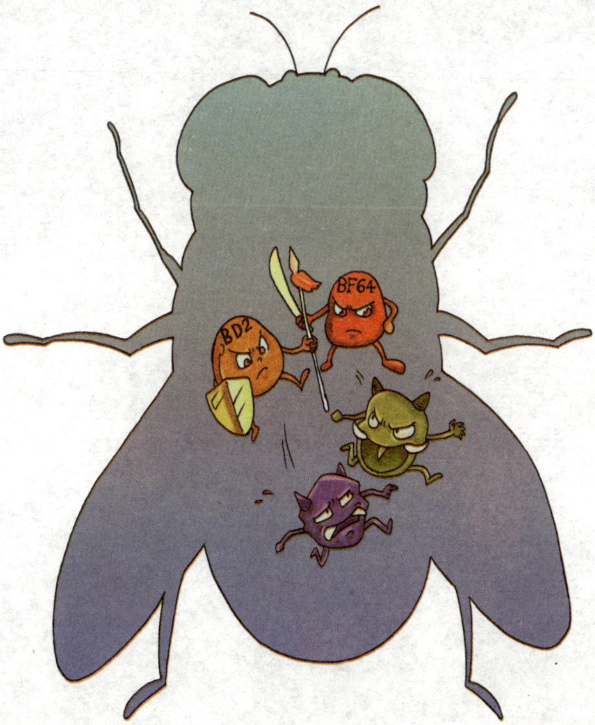

首先，苍蝇消化食物的速度非常快，苍蝇从食物入口到将废物排出体外，只需7～11分钟的时间。在这么短的时间内，进

入苍蝇体内的细菌还未来得及“繁衍子孙”，就被排出体外了。其次，在苍蝇免疫系统内还有BF64和BD2两种高效活性蛋白。这些蛋白发现细菌时，就会迅速地将细菌包围，并将之消灭，其杀菌力要比青霉素强千百倍。

Q 火车座位为何一边多一边少？

A 火车上的照明、电风扇、广播设施的用电都需自身来解决，为此必须有发电设备。一台悬挂式发

电机及两组蓄电池，分别装在两只大箱子里，加起来有2吨重，同时挂在客车下部同一侧。如果车上的座位一样多，就会造成两侧重量不平衡。每人按平均50公斤计，加上20公斤免费行李，22排座，3人座一侧，加起来也将近2吨，与电机组基本相对应，就能保证列车安全行驶。

Q 消防车为什么涂红色？

A 光在传播过程中，遇到两种均匀媒质的分界面时，会产生反射和折射现象。但当光在不均匀媒质中传播时，情况就不同了。由于一部分光线不能直线前进，就会向四面八方散射开来，形成光的散射现象。地球周围由空气形成的大气层，就是这样一种不均匀媒质。波长短的光受到的散射最

厉害。波长最长的红色光，和波长较长的橙色光、黄色光都不容易被散射，能很轻易地穿过水层、雨点、灰尘和雾珠。

消防车涂成红色不仅叫人看见有触目惊心之感，而且还为了在大雾迷漫的天气里、尘土飞扬的环境中或是急风暴雨时，人们老远就能看见它，并为它让路，以便尽快地完成灭火抢险的任务。

Q 自动售货机虽然没有眼睛，但照样能识别钱币的真假和面值。它是怎样做到的呢？

A 自动售货机能“认”钱，是因为里面有一套或两套钱币识别系统，来检验纸币或硬币的真假和面值。

自动售货机的纸币入口处后面有一个模板，当放入纸币后，这个模板会先检查纸币的大小尺寸、反光度，确定纸币的真假；再通过检测盲点来确定纸币的面值。如果投入的是硬币，自动售货机就会运用另外一套系统来识别。硬币通过入口后会产生一股电流，不同面值的硬币会因不同的电流显示出不同的电量，系统就会根据这些电量来分析硬币的真假和面值。

Q 防毒面具是根据什么动物的脸形研制的？

A 猪。在第一次世界大战期间，德军为了打破欧洲战场长期僵持的局面，第一次使用了化学毒剂。

结果致使5万英法联军士兵中毒死亡，战场上的大量野生动物也相继中毒丧命。可奇怪的是，这一地区的野猪竟意外地生存了下来。

经过科学家的实地考察和仔细研究后，终于发

现是野猪喜欢用嘴拱地的习性使它们免于一死。当野猪闻到强烈的刺激性气味后，就用嘴拱地，逃避气味的刺激；而泥土被野猪拱动后其颗粒就变得较为松软，对毒气起到了过滤和吸附的作用。科学家们就是根据这一发现发明了第一批防毒面具。

Q 在击剑比赛中，运动员背后都要拴着一根绳子。这根绳子到底是干吗用的呢？

A 击剑运动员身后的“绳子”其实是电线。当被对方击中时，电线就会连通显示灯，裁判就可根据

显示灯来判定由谁得分。

击剑比赛的速度非常快，肉眼难以分辨。随着科技的发展，击剑运动进入电子化，利用运动员身后的电线帮助计分。击剑选手的服装分为金属部分和非金属部分，比赛时只有击中金属部分才能得分。当金属部分被击中后，电流就会产生并顺着选手身后的电线传到裁判器上，电动裁判器就会显示彩灯。

Q 为什么会有回声？

A 声音在传播过程中，如果遇到障碍物，就会被反弹回来，但通常我们听不到回声，这是因为回声与自己发出的声音的间隔太短，混到一起了。

如果障碍物的距离稍远一点，声音从发出到被反弹回来间隔的时间超过0.1秒，我们就能够听到自己的回声了。这就是为什么在空阔的田野里高喊一声，就会听到远处仿佛有人在重复自己的声音。

除了空气，声音同时能在固体和液体中传播，并且速度比在空气中传播得更快。古代战争的时候，为了预知是否有追兵，将耳朵贴在地面上寻找马蹄声应用的就是这个原理。

Q 我们学习中有很多丰富多彩的文具，可是它们中有些是有毒的，会危害身体健康。你认识有毒的文具吗？

A （1）白得异常的作业纸。小朋友喜欢使用雪白的笔记本，你知道吗，有些作业纸白得异常，其实是在生产过程中添加了大量的荧光增白剂。长期使用这样的作业本不仅影响视力，荧光增白剂被人体吸收后，还会加重肝脏的负担；如果有伤口，就更严重了，荧光增白剂和伤口处的蛋白质结合，阻碍伤口的愈合，对身体健康非常不利。

（2）“隐形杀手”——涂改液。涂改液中含有二甲苯，这种化学物质可以引起头痛、恶心，眼睛、鼻腔和咽喉发炎。涂改液中还含有卤化烃，对眼睛有明显刺激，常会造成流泪、眼睛发红，个别的还会引起恶心、呕吐，浑身不舒服。

（3）香味橡皮。有些橡皮闻上去香喷喷的，但环保部门监测发现，在很多带有香味的学生文具中不同程度地含有甲醛、苯等有毒化学物，不仅使人头晕、恶心，长期使用可能造成小孩儿轻微中毒。

Q 冰箱为什么不能倾斜放？

A 这是因为冰箱内的压缩机最怕倾斜，它一倾斜，里面的冷冻润滑油就有可能流入蒸发器、冷凝器等制冷管道中，这样冰箱的制冷效果就会大打折扣。并且，过度的倾斜还可能会使压缩机的避震弹簧变形。甚至自行脱落，导致冰箱

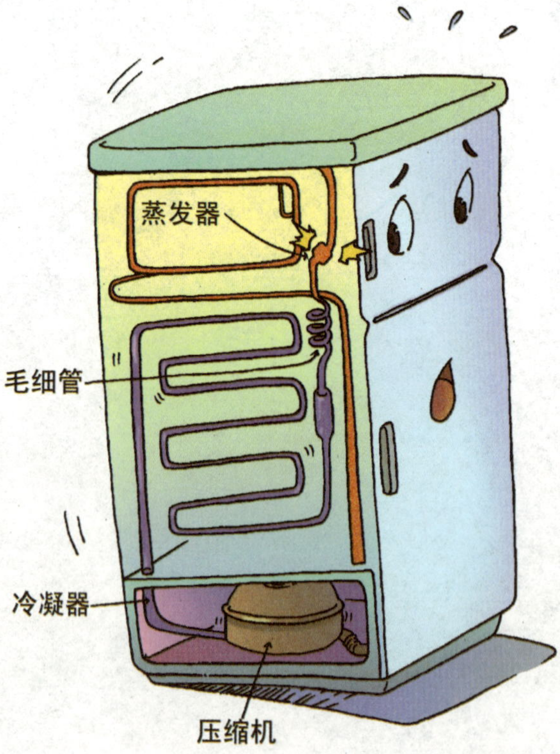

无法正常工作。

冰箱周围的温度每提高5℃，其内部就要增加25%的耗电量。因此，应尽可能放置在远离热源处，以通风背阴的地方为好。

Q 为什么商品要用条形码？

A 商品上的条形码是一种宽度各不相同、黑白相间的长条纹。商品条形码的编码遵循唯一性原则，以保证商品条形码在全世界范围内不重复，即一个商品项目只能有一个代码，或者说一个代码只能标志一种商品项目。当顾客付款的时候，营业员用特殊的光电扫描器对

条形码进行扫描，然后再通过电子译码器，就可以知道商品的名称、价格和质地，大大地方便了商店的收款和顾客的快速结账。

条形码技术是随着计算机与信息技术的发展和应用而诞生的，它是集编码、印刷、识别、数据采集和处理于一身的新型技术。

Q 高高的输电铁塔上醒目地写着："高压危险！切勿靠近！"可是在那上万伏甚至几十万伏的高压导线上，却常常站着一只又一只的鸟儿，无视禁令，毫不在乎，也丝毫没有触电的征兆。这是为什么？难道鸟儿有什么"特异功能"吗？

A 鸟儿没有"特异功能"。电源分为正负两极，在正负两极之间连接上导体，电流就会从导体上流过。因为人体是导体，人的身体较大，在把两根电线连在一起时，就会形成短路，人体上就有大电流流过，这就是人触电身亡的原因。

由于小鸟身体较小，而且它们只接触了一根电线，它们的身体和所站在的那根电线不会发生短路，所以它们的身体上没有电流通过，也就不会触电。

但是，如果蛇爬到电线上就危险了，它的身体较长，当它爬到高压线上后会使火线与零线连接在一起造成触电死亡。钻进配电房的老鼠也常常会因此触电死亡。我们也知道，电业工人在高压线上的带电作业，就是如同小鸟站在一根电线上的道理是一样的，所以能够安全操作。喜鹊和乌鸦等鸟类喜欢在电线杆子上垒窝，这也同样是十分危险的，这样很容易形成短路，造成灾害。

但是，如果鸟儿站在导线上，企图用嘴去啄输电铁塔，那就要大祸临头了。因为导线与铁塔之间的电压很高，因此不等鸟儿接触铁塔，高压电弧就会把它烧焦，同时还会因短路造成停电事故。因此，人们常常在铁塔上加装障碍物，不让鸟儿啄到铁塔。

图书在版编目(CIP)数据

别以为我们不知道／张培培主编. —天津：天津科学技术出版社，2012.3（2019.6重印）

ISBN 978-7-5308-6888-1

Ⅰ.①别… Ⅱ.①张… Ⅲ.①科学知识-青年读物②科学知识-少年读物 Ⅳ.①Z228.2

中国版本图书馆CIP数据核字（2012）第051074号

别以为我们不知道
BIEYIWEI WOMEN BUZHIDAO

责任编辑：郑　新
出　　版：天津出版传媒集团
　　　　　天津科学技术出版社
地　　址：天津市西康路35号
邮　　编：300051
电　　话：（022）23332674
网　　址：www.tjkjcbs.com.cn
发　　行：新华书店经销
印　　刷：三河市燕春印务有限公司

开本 700×1000mm 1/16　　印张 9　　字数 150 000

2019年6月第1版第3次印刷

定价:29.80元